天下文化
BELIEVE IN READING

瞬間成為 實做版
冷讀術高手

コールドリーディング

石井裕之◎著　　陳光棻 ◎譯

目錄
CONTENTS

目錄
CONTENTS

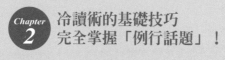

目錄
CONTENTS

右手系統（RHS）
讓你馬上成爲眞正的讀心者！

目錄
CONTENTS

目錄
CONTENTS

前言

唯有實做，才是真正有用

自從《瞬間贏得信任的話術「冷讀術」》（一瞬で信じこませる話術コールドリーディング）付梓出版，冒牌算命師的秘技「冷讀術」（コールドリーディング®）首度在日本公開至今，轉眼已經過了三年。

我願意將冷讀術公開的目的，不單純只是想要揭露冒牌算命師或假通靈者的詭計，更希望一般大眾無論在工作或是日常生活上，都能夠「將計就計」，充分利用這些技巧來促成更健全的溝通。換言之，就是希望能將原本邪惡的騙術，昇華為良善的溝通技巧。

承蒙廣大讀者的支持，《瞬間贏得信任的話術「冷讀術」》與其續篇《你為什麼相信算命師？》（なぜ、占い師

は信用されるのか？「コールドリーディング」のすべて）的銷售量已經累積超過四十二萬冊，這一系列的作品也躋身暢銷排行榜之列。冷讀術更因此成為許多電視、雜誌等大眾媒體競相報導的對象。

而且儘管收費相當昂貴，每次舉辦冷讀術的研討會時，只要一開放報名，往往半年之後的課程也立刻額滿了，這反應出各界人士都開始對冷讀術深感興趣。

經過三年後再度問世的本書，可以定位為「冷讀術」系列的「實做版」。

就算你書讀得再多，在現實生活的實際互動中，往往也毫無用武之地。因為無論什麼技術，唯有自己能夠運用自如，才能夠真正派上用場。

本書中我將大方公開以往只在研討會上傳授的實戰技巧，希望能幫助更多人充分運用冷讀術，讓你的人際關係更加圓滿。

就讓冷讀術這項不為人知的強力技術，成為您的「囊中物」吧，請笑納！

※冷讀術是Opie Associates Co.,Ltd.的註冊商標。

冒牌算命師不爲人知的秘技
——冷讀術

Chapter *1*

騙子的哲學是：先贏得信任，再開始行騙。

越能讓對方信任，就能騙得越多。

因此，比起行騙的技巧，

高明的騙子其實花更多精力在琢磨「贏得信任的技術」。

仔細想想，無論是跑業務或是接待客戶，

無論是戀愛或是教育，

任何形式的溝通不都是從贏得對方信任開始的嗎？

從贏得信任的技術這個觀點來看，

冒牌算命師或是假通靈者這些騙子使用的冷讀術，

著實有許多值得我們學習的部分。

沒錯！我們並不是要從冷讀術當中學習行騙的方法，

而是要學習「贏得信任的方法」。

不為人知的詐騙話術
何謂「冷讀術」？

　　「在毫無事前準備的情況下，為第一次見面的人算命。」這是冷讀術（cold reading）的廣義定義。

　　英語裡的「cold」含有「毫無準備」的意思，「read」則含有「算命」、「讀心」的意思。能夠在事前毫無準備的狀況下，即席為陌生人算命，在這層意義上來說，正牌的算命師或是通靈者也可稱為「讀心者」。

　　然而，狹義上來說，冷讀術是指：**「利用心理‧語言的特殊手法，讓對方以為自己能夠解讀其人生或是心理的騙人話術。」**也就是冒牌算命師與假通靈者運用的技巧。

冒牌算命師使用的詐術也分為各種類型，有一種是事先讓工作人員去調查諮詢者的相關背景，甚至偷偷搜查諮詢者的包包，從中竊取資料。這一類「事先調查」的卑鄙手段，被稱為「hot reading」。

　　然而，冷讀術是完全沒有事先準備，當場利用心理‧語言上的特殊手法，騙倒對方的話術。

騙子不是「騙人的專家」，
而是「贏得他人信賴的專家」！

　　冒牌算命師或假通靈者這些騙子，都是怎麼騙人的呢？

　　依照常理來說，應該沒有人會相信才第一次見面的可疑人士所說的話。但是，為什麼就是有人會輕易相信那些怎麼想都很可疑的說詞呢？

這是因為，騙子都是**一開始說真話取得你的信任，然後才開始騙你。**

　　如果這個人的說詞一聽就漏洞百出，任誰都會提高警覺。但是，因為騙子一開始說的都是真話，就會慢慢讓人覺得這個人說的話可以相信。

　　投資詐騙也一樣，即使只是蠅頭小利，但初期一定會讓你賺錢。你因為確實有獲利回收，自然而然就卸下心防、相信對方，掏出更多的錢來繼續投資。

　　等到你投入大筆資金以後，對方才狠狠敲你一筆，然後捲款而逃。

　　總之，騙子的哲學就是：先贏得信任，再開始行騙。越能讓對方信任，就能騙得越多。

　　只要能讓對方相信自己值得信賴，接下來的詐欺技巧無論多麼拙劣，也都能輕易騙倒對方。

　　因此，**比起行騙的技巧，高明的騙子其實花更多精力**

在琢磨「贏得信任的技術」。

　　仔細想想，無論是跑業務或是接待客戶，無論是戀愛或是教育，任何形式的溝通，不都是從贏得對方信任開始的嗎？從贏得信任的技術這個觀點來看，冒牌算命師或是假通靈者這些騙子使用的冷讀術，著實有許多值得我們學習的部分。

　　沒錯！我們並不是要從冷讀術當中學習行騙的方法，而是要學習「贏得信任的方法」。

成為讀心者（cold reader）的四大須知

　　在開始技術層面的內容前，我想先說明實踐冷讀術時的須知，或許也可以說是一種必須具備的心態。

　　到目前為止，我已經指導過很多人冷讀術的技巧。在小班制的研討課程中，光是我親自指導的人數就已超過數百人。從這些教學經驗當中，我發現了幾個可說是冷讀術的初學者一定會犯的共同錯誤。

　　雖然這些錯誤和失敗以各種不同的形式呈現出來，但根本來說都是源於相同的誤解與不理解，主要可以整理成四點。

所以，在實踐冷讀術時如果能夠意識到下列四項須知，就能取得更好的結果。

　　所謂的四大須知是：

● 須知一　維持解釋而不是猜測的心態
● 須知二　讓對方說他想說的話
● 須知三　說對方想聽的話
● 須知四　將對方視爲獨一無二的人，對對方的一切都感到驚喜

　　接下來就讓我一一說明。

須知一　維持解釋而不是猜測的心態

　　冷讀術初學者最容易犯的錯誤之一，就是誤以爲冷讀術就是「猜謎」。

　　這種人往往以爲贏得對方的信任，就是要讀出對方的

心事，並向對方炫耀：「怎麼樣？我很厲害吧！」

　　但在現實狀況中，如果以這樣的心態進行解讀，越是說中對方的心事，反而越會讓對方起疑，只會引起反效果而已。

　　冷不防被素不相識的人猜透自己的心事，任誰都會感到不舒服。因為感到不舒服，所以不但不會坦然地承認讀心者的能力，反而會心生反感，「這傢伙一定是用了什麼詭計。以為我會受騙上當嗎！」

　　所以，為了贏得信任，絕對不能展現自以為很厲害的態度。

　　正確的態度應該是，**「我不是猜中，而是在『解釋』我的靈感。為了能做出更正確的解釋，我非常需要你的配合。」**讓諮詢者感到安心，才會願意在你面前打開心扉。

　　願意打開心扉，才會進一步協助你進行解讀，並且主動提供資訊。如此一來，就可以把諮詢者「捲入情境」。

也就是說，只要營造出算命師與諮詢者雙方合作進行解讀的氛圍，**諮詢者就會積極主動地提供關於自己的資訊。**

　　以下是一個冷讀術初學者容易犯的不良示範。

　　「你最近碰巧目睹了一個意外事故的現場吧？（這是所謂的「例行話題」，稍後書中將有關於例行話題的說明）」

　　「嗯。昨天我的確目擊了摩托車與轎車的車禍現場呢。好險駕駛只是輕傷，沒有釀成嚴重的意外。」

　　「看吧！我的靈視很神準吧！」

　　「那，所以呢？」

　　「啊？什麼所以咧？」

　　「這種小車禍常常發生啊！我只是碰巧看到而已，也不是什麼非常稀奇的事吧！」

「嗯，你這麼說也⋯⋯」

「如果你眞的那麼準，就用你的靈視能力仔細看一看啊！車禍現場是什麼情況？是什麼樣的摩托車？地點在哪裡？」

「啊！這、這麼細節的東西⋯⋯」

眞正將冷讀術運用自如的人，就會懂得把諮詢者也一起捲入這個情境來。

「不知道爲什麼，從剛剛開始我的腦海裡就一直浮現玻璃碎片的畫面⋯⋯你有沒有想起些什麼？」

「玻璃碎片？想不太起來耶！」

「（歪著頭擺出一副「咦？怎麼會呢？」的表情）唔⋯⋯」

「玻璃碎片啊⋯⋯」

「也不知道是不是玻璃碎片……但看起來很像呢……」

「啊！」

「？」

「對了！你這麼一說，我想起來昨天看到一部摩托車被轎車撞倒在地。好險駕駛只是輕傷，摩托車的車燈破了，還散落一地呢！」

「嗯，就是這個畫面。玻璃碎片原來是摩托車的車燈啊！不過沒釀成嚴重的意外真是不幸中的大幸呢！這我就放心了。」

「真厲害。這件事我明明沒有跟任何人說過耶！」

越是想要誇耀自己的能力，得到的評價反而會越低；態度越是謙遜，抱持著「不不不，我只是試圖解釋而已。解讀能夠順利進行，都是因為有你合作」的心情，對方只

會把你捧得越高。

這個道理不僅限於冷讀術，也適用於所有的人際關係。

須知二　讓對方說他想說的話

來算命的人最感興趣的是什麼呢？

沒錯！他們最感興趣的就是**他們自己**。

他們就是因為想要知道自己的事，想要和算命師討論關於自己的事，所以才來算命。大概不會有人到街頭算命師的攤位上去，是為了想知道有關「今後的日本教育」吧！

不管怎麼說，人最關心的終究還是自己。就像在職場上，很多主管就算與部屬促膝長談，到最後也只說了自己想說的事，根本沒聽到部屬的心聲。

對讀心者來說也是一樣，因為讀心者畢竟也是凡人，很容易不知不覺就忘我地說起自己想說的事。尤其是剛開始試用的初學者，腦袋裡想的全是要如何運用學過的技巧，根本沒有餘力將心思放在諮商者的身上。

但是，**你想說什麼根本就無關緊要，重要的是讓諮詢者說他們想說的事。**永遠不要忘記這才是身為讀心者的你，所該扮演的角色。

因此，光從外觀大概就能分辨出一個心理諮商師或算命師到底有多優秀，越優秀的人越懂得多讓對方說話，而不是自己拚命地說話；越是笨拙的人，則越是容易自顧自地滔滔不絕，讓諮詢者沒什麼機會開口。

讓諮詢者說出他想說的事，諮詢者自然會覺得心情愉悅，也就更願意提供各式各樣的資訊。更重要的是，**當諮詢者感受到你是真心願意傾聽他想說的事時，便會感到滿足，然後才會有餘力開始聽你說話。**

須知三　說對方想聽的話

須知三是延續須知二而來的。

當你讓對方暢所欲言時，自然會明白對方真正想要的是什麼、對方想要聽到你說些什麼。

譬如公司裡較資淺的同事來找你商量，「前輩，我寫了一份企劃書，在呈給部長看之前，能不能請你給我一點意見呢？」

你爽快地答應，看完後的感想是，如果再加上一些市場調查數據就會更完整了。於是，你對這位同事說：

「寫得還不錯，不過如果能補充一些市場調查數據的話，部長的評價應該會更好喔！」

「嗯！但是我覺得這次的企劃案，市場調查數據並不是那麼需要耶！」

結果就會像這樣，你好意提出建議，同事的回應卻是「但是……」。

為什麼呢？因為你的建議不管有多中肯，此刻根本無關緊要，**這並不是這位同事「想聽的話」。**

這位同事真正想聽的是，「真不賴！你寫的真的很好耶！」

所以，身為前輩的你，當較資淺的同事來向你請益時，在正經八百地思索如何才能讓部長滿意這份企劃書之前，先要思考的問題是，「這位同事想要聽到我說什麼呢？」

因為這位資淺的晚輩，唯有聽到他「想聽的話」之後，才會有餘力聽取你的建議。

「真不賴！你寫的真的很好耶！」

「真的嗎？我想了很久呢！實不相瞞，我對這份企劃

書還蠻有信心的。」

「這倒是。因為的確看得出你的努力啊！」

「嗯～不過，多少還是給我一點建議嘛！」

「建議啊？讓我想想……嗯，如果再加上一點市場調查數據的話，部長的評價應該會更高喔！當然，我的意思是，如果你還有時間修改一下的話。」

「下午才要提案，應該還來得及！原來如此，少的是市場調查數據啊！因為部長總是很在乎那些數字對吧。真不愧是前輩！」

就好像老婆或是女朋友問你：「這件衣服好看嗎？」我想沒有男人會脫口說出心裡想的，一定都是先思考女朋友期待聽到什麼答案後才回答。

冷讀術運用自如的秘訣也有異曲同工之妙，就是要養成一個習慣：在說話前永遠先思考**「這個諮詢者究竟想要**

聽到我說什麼呢？」

須知四　將對方視爲獨一無二的人，
　　　　對對方的一切都感到驚喜

　　我曾以心理諮商師的身分接觸過很多客戶，從這些經驗當中學到一件很難用理論解釋，但我深信不疑的事。

　　這件事和「與客戶建立信任關係時，身爲心理諮商師絕對必要的條件是什麼？」這個重要問題有關。當然，以誠懇的態度傾聽對方說話，或是以同理心提供建議等，都是必要的條件，知識與話術的磨練也缺一不可。

　　但我說的是一項更爲根本的要素，如果在內心深處欠缺這一項意識的話，絕對無法和對方建立起信任關係。我非常堅信這一點。

　　這項意識就是**在與對方相處時，要感受到一種驚奇的**

心情：「現在，在我面前的這個人，是沒有其他人可以取代的，是世界上獨一無二、最特別的人。」

　　如果你問我從事心理治療有什麼訣竅，我想所有的答案都在這句話裡了。

　　聽說世界上沒有任何兩片雪花的結晶一模一樣，而且每個結晶的模樣，也就出現那麼一次而已。

　　這聽起來的確非常驚人，但仔細想想，人不也是一樣嗎？世界上不可能有兩個長得一模一樣的人。不管再怎麼相像的雙胞胎，也一定有什麼地方不太相同。

　　如果我們與人相處時，能時時懷抱著這種絕對的驚喜，認為這個人是世上獨一無二、無可取代的，就算沒有刻意表現或說出口，這股意識也會自然而然流露在你的言行舉止之中，讓對方感受得到。

　　然而，越是專精於溝通或是心理學的人，越是容易忘記這件事。最明顯的證據就是，輕率地就脫口說出「那個

人是自閉症吧！」會這麼說，表示一點也不懷疑「那個人＝自閉症」。

我不是在開玩笑，不管是誰，「那個人＝那個人」，除了他自己之外，什麼也不是。如果你說的是「那個人表現出一些自閉症的症狀」，也還罷了，但是隨口說出「那個人是自閉症」這種話，就證明了你心裡根本沒有那個人是這世上獨一無二、無可取代的人的驚喜。

日語中有一句話叫做「**一期一會**」。意思是當下這個瞬間，僅此一次，不會再有第二次。

沒有彩排，也不能重來。不管成功或是失敗，喜悅或是哀傷，每一個瞬間都是僅有一次的珍貴時刻。正因為如此，我們才更要全神貫注在這一瞬間。

在你面前的不管是什麼樣的人，都是世上獨一無二、無可取代的。雖然這世上的人有如雪花一般多，但不管你再怎麼尋找，這個人──在你面前的這個人，都是唯一的

一個。

　　如果你能對這個事實抱著敬畏之心，不管對方是什麼樣的人，都能夠立刻就建立起信任關係。

　　我深深相信。

四大須知適用於所有類型的溝通

　　前文中說明了在實踐冷讀術時的四項須知。在閱讀的時候，可能會覺得這是非常簡單且理所當然的事，然而每一項都是初學者很容易掉入的陷阱。

　　其實，不僅是冷讀術，這些須知也適用於所有類型的溝通，所以在與重要的人說話時，也請試著意識到這些事項。

　　在理解了基本須知之後，接下來終於要進入技術層面的內容囉！

冷讀術的基礎技巧
完全掌握「例行話題」

Chapter 2

不管套用在誰的身上都適用，

卻能成功偽裝成彷彿能夠看穿對方人生的讀心手法，

是因為「例行話題」巧妙運用了人類的三個心理：

（1）具體化原理

（2）補充原理

（3）主觀原理

除此之外，

還需要讀心者細膩的演技與現場的導演能力。

所以初學者要記得，最重要的就是充滿自信地去嘗試實踐，

如果連讀心者本身都對解讀有所懷疑，

就談不上什麼說服力了。

冷讀術的基本功
何謂「例行話題」？

　　冷讀術最基本的技巧，非例行話題（Stock spiel）莫屬了。只要能夠將例行話題運用自如，除了算命，在職場或是日常生活的人際關係，也會變得格外圓滿順利。

適用於任何人的例行話題

　　所謂的例行話題是指，**「把套在誰身上都適用的籠統說詞，說得好像是諮詢者個人事實一般的提示技巧」**。

　　譬如（假）通靈者會注視著你的臉，若有所思地說：

「嗯……你一定曾經被非常信任的人背叛吧？」

這個說詞套用在任何人身上，應該都很準吧！

所謂「背叛」，可以是全部身家財產都被騙光這般嚴重的背叛，也可能只是好朋友背地裡說你壞話這類小小的背叛。儘管有程度上的差別，但不管是誰，應該或多或少都有被信任的人背叛的經驗吧！

正因為如此，當通靈者煞有其事地這麼一說，你當然會不禁覺得，「他好厲害喔！完全說中了我曾經被好友背叛的事耶！」

這種其實不管套用在誰的身上都能說中，卻偽裝成彷彿能夠看穿對方人生的讀心手法，就是所謂的「例行話題」。

巴南效應

一九四九年，美國心理學家培特朗·福瑞爾（Bertram Forer）以自己的學生為對象做了一個實驗。

他將下頁的文章發給學生，告訴學生「這是你性格測驗的結果」。

儘管所有學生拿到的都是完全相同的診斷結果，但幾乎每個人都認為準確率高達八成以上，這是因為學生們都**深信這是專屬於「自己」的診斷結果。**

而且這些診斷結果，不過是從報紙的星座專欄裡隨便摘錄出來的句子而已。福瑞爾教授還真狠吶！

福瑞爾教授從這個實驗結果得出一個結論，那就是人其實非常容易受騙，人的自我評價也非常的隨便。

這就是所謂的「福瑞爾效應」，或是稱為「巴南效應」。而這個例子正說明了例行話題的威力。

- 有時會有相當不務實的奢望。

- 有時很外向，善於交際，與人相處和樂；有時又很內向，非常謹慎小心，深居簡出。

- 從過去的人生經驗中學到：過度坦率地表現自己並非聰明的做法。

- 自認為很有自己的想法，不會毫無根據地相信他人說的話。

- 愛好某種程度的變化和自由，受到束縛或限制就會感到不滿。

- 有時會懷疑自己以往人生的選擇和行動是否真的正確。

- 外表看起來好像很有自信，但內心也有煩惱或不安的一面。

- 曾有性方面的不滿足。

- 雖然性格上有些缺點，但大體上都還可以彌補。

- 體內沉睡著未被挖掘的才能。

- 對自己有太過嚴格的地方。

- 希望被人喜歡，受認同的欲望強烈。

例行話題巧妙利用人類心理

但是你一定會這麼想，**「這種套用在誰身上都可以的說詞，就算能說中自己的事也一點不奇怪啊！」**

的確，正在讀本書的你，一定會覺得這是非常輕易就能被看穿的技巧。

那麼，為什麼只要讀心者略施本領，諮詢者就會被那麼簡單的技巧所矇騙，而深信自己的事完全被說中了呢？

這是因為例行話題巧妙地利用了人類的三種心理：

（1）具體化原理
（2）補充原理
（3）主觀原理

接下來就分別詳細說明。

具體化原理

「具體化原理」是指**「人會傾向將籠統模糊的資訊，轉換為具體實例後再去理解」**。

譬如有人告訴你，「所謂的mentalist，就是將特殊手法偽裝成超能力的專業表演者。」你首先一定會想「譬如說？」

「就是像Mr. Maric[1]，或是更早之前的Uri Geller[2]那一類的人。」在對方具體舉例之後，你才會恍然大悟，終於清楚地理解了mentalist這個字的意思。

透過舉出實例，再抽象的定義也能很寫實地理解。在學習新概念的時候，我們通常都是藉由舉出具體實例的方式來理解。

例行話題利用的就是這種人類心理。

當讀心者說出「你一定曾經被非常信任的人背叛

吧！」這種籠統的說法時，諮詢者自然就會開始思索「譬如……」，試圖將其轉換爲具體實例。

「對我而言，信任的人是怎麼樣的人呢？我是不是曾經被這個人背叛呢？」

先將這個說法與具體實例對照，再來判斷這項說法的眞僞。

也就是說，**籠統模糊的例行話題，一旦進入你的腦海中，就已經被想像成是具體實例了。**

正因爲如此，明明是一個套用在誰身上都可以，非常不嚴謹的說法，卻很容易就讓人覺得自己的事被說中了。

就如同福瑞爾教授的實驗所選用的句子，雜誌命理專欄裡的文章，也有不少是例行話題。隨便拿起手邊的雜誌，都可以看到再含糊籠統不過的句子。

「本週可能會有從未與你交談過的人積極地與你接

觸，試著打開心扉接受對方吧！」

　　你看了以後，是不是很自然地開始將這個說法套用在自己認識的人身上呢？

　　「咦？從未交談過，而可能與我接觸的人……是誰啊？是田中先生嗎？不，說不定是佐藤先生……」

　　這是因為你試圖將「從未與你交談過的人」這個抽象的資訊，具體地轉換成你認識的人。

　　而且「接觸」這個說法也沒有具體寫出是什麼樣的接觸，你一定忍不住會想「譬如呢？」說不定是愛的告白，也可能是工作上的請託，就算只是一個午餐的邀約，也算是一種「接觸」。因此這樣的說法適用於各式各樣的場合。

　　所以明明有成千上萬相同血型與星座的人，但血型、星座的占卜卻得以成為一篇篇的雜誌報導，從這件事就不

難瞭解籠統曖昧的例行話題的驚人效果。

補充原理

例行話題的第二項心理根據就是「補充原理」，意指**「人會對不完整、不明朗的狀態感到不舒服，而下意識的將其補充完成。」**

在研討課程中解說補充原理時，我經常示範的一個例子是，每當我在說話當中突然說：「今天是七月……」坐在前面的學員一定會很自然的接著說：「二日。」

當然，用常識來想，這是理所當然的反應，但仔細想想就會發現，這是個非常有趣的現象。我明明沒問「今天是七月幾號啊？」卻一定會有人告訴我。

這是因為人身處不完整、不明朗的狀態時，就會渾身不對勁，所以會在下意識之中（也就是說並未深入思考就

自然而然地）試圖將後續完成。

　　這就好像有人對你說：「這件事真有點難以啟齒……哎啊！我還是不說好了。」就算你心裡明白不會是什麼大不了的事，但就是會很想要追問個清楚。

　　因此，即使是很普通的「請問您住在哪裡？」被問的人多少還是會有些戒心。但如果只說「您住在……」對方反而會順口回答說「世谷田區」。

　　例行話題就是運用相同的原理。

　　看看前述的例子，「你一定曾經被非常信任的人背叛吧？」例行話題多以疑問句的形式出現，因為當算命師問你「……對吧？」如果默不作聲的話會很難受，所以你就會想辦法做出某些回應。

　　不管你的答案是「Yer」或「No」，在回答之前你一定要先判斷算命師說的話對你而言是對或錯。**為了做出判斷，就會將算命師含糊籠統的說詞對照在自身的經驗上。**

也就是諮詢者一定會積極地補充進一步的資訊，試圖將這個溝通的過程完成。

　　例行話題正是因為這個原理的作用，能夠在心理層面上將諮詢者也一同捲入情境當中，甚至引出諮詢者的資訊。

主觀原理

　　例行話題的最後一項心理根據就是「主觀原理」，意指「**人在聽別人說話時，會有將別人說話的內容套用在自己身上**」的傾向。

　　心理治療師的工作當中，有一項非常基礎的概念，那就是**如果想要顧客談論他的母親，只要治療師先聊起自己的母親就行了**。

　　譬如聽到我說：「我媽媽在昭和初期出生的女性當

中，個子算是高的。」你會有什麼反應呢？

　　你應該會一邊聽著，一邊也開始模模糊糊地在腦海想著自己的媽媽。然後接著說：「我媽媽也算高的吧！」「咦？我媽媽是什麼時候出生的啊？」或是「我媽媽在我很小的時候就過世了，所以我不太記得了」之類的話。

　　總之，你在聽我說話的時候，腦海裡浮現的應該是你自己的母親，就算只有那麼一瞬間。

　　這樣一來，我在完全沒有提到「你的母親」這幾個字的情況下，也能巧妙地讓你思考關於你母親的事。

　　在心理治療的場合，如果直接請客戶談談自己的母親，可能會挑起客戶心中的防禦本能或是引發反感。尤其是與母親的關係中隱藏了解決問題的線索時，更為嚴重。

　　然而，如果治療師裝作是在閒談，不經意地聊到自己的母親，客戶反而能敞開心胸聽下去。然後在聽的同時，不由自主地想起自己的母親。

一旦客戶開始思考這些事，便能以比較輕鬆的心情聊起自己的母親。而且他們會覺得說出這些事是自己的意思，沒有理由覺得反感或是抗拒。

　　於是經由治療師巧妙的誘導，客戶便將母親的事說出口了。

　　這個與治療師所運用的技巧相同的原理，也被活用在例行話題當中。

　　讀心者說的只是一般化的命題，但諮詢者在聽時卻會套用在自己身上。而且完全不需要努力，就會不自覺地這麼做，因為這是一種習慣。

　　譬如當我說「有時候謊言比眞話更珍貴」，你應該就會想「什麼樣的狀況下，謊言也可以被合理化呢？」

　　然後試圖從你的經驗和知識中，找出幾個具體實例來判斷這個命題的眞偽。因為雖然我說的只是「一般而言」，你卻把它想成是「對自己而言」珍貴的謊言。

換句話說，**在客戶的腦中，例行話題並非一般而言的籠統說詞，而是會被理解成個人的狀況。**

以上就是關於支持例行話題的三項心理原理。

實際上，為了能夠活用例行話題，還需要讀心者細膩的演技與現場的導演能力。所以初學者要記得，一開始最重要的就是充滿自信地去嘗試實踐，如果連讀心者本身都對解讀有所懷疑，就談不上什麼說服力了。

前面的文章比較偏向理論的說明，接下來就讓我們一起看看例行話題的具體實例吧！

馬上就要進行實做篇囉！

[1] Mr. Maric：日本魔術師，本名松尾昭，自稱「超魔術師」。
20歲時成為第一個在太平洋岸魔術師協會（PCAM）「近距

離部門（CLOSE UP）」贏得冠軍的日本人。隨後在日本各大知名飯店表演魔術，並從1988年開始在電視節目中表演魔術，以近距離魔術加上超能力的「超魔術」震撼了日本社會。

[2] Uri Geller：出生於以色列，自稱從小就有超能力，是全球知名的特異功能人士。1970年代起在歐美巡迴表演，做出許多科學家無法解釋的驚人表演，例如心靈感應、以占卜尋找礦脈、令湯匙彎曲、令時鐘停頓及使種子在數秒間發芽等。

只要學會例行話題
工作、生活的效率都會顯著提升!

　　雖然接下來的實例示範,並不屬於前面提到的「具體化原理」,但在學習新的技術時,盡可能多看一些具體實例,肯定是有利無弊的。

　　接下來將舉出幾個讀心者經常使用的例行話題,然後分別做簡單的說明。其實不必費心死背這些例子,只要大致讀過以後,應該都能掌握住例行話題的訣竅才是。

例行話題的具體實例

■「你是不是曾經嘗試過某種創作，譬如小說或是繪畫之類的，但在完成前又半途而廢了呢？」

　　「某種創作」是非常模稜兩可的說法，可以無限廣泛地解釋，適用於各式各樣的狀況。「開始寫部落格但失敗了」，或是「想要改變房間裡的擺飾布置，但因爲太忙所以中途就放棄了」，都可以說成是具有創造性的活動。

■「私底下是不是會出現與在工作時完全相反的性格？」

　　人不會永遠只有一種面貌。爲了取得身心的平衡，每個人在工作與在私底下多少都會呈現不一樣的面貌。譬如工作上越是一絲不苟的人，自己的房間裡越是亂成一團之類的。這種相反的兩面性是非常自然的表現。

■「你是對自己很嚴格的人吧？」

　　就算對方回答：「不，我對自己很寬厚。」這更證明了他對自己非常嚴格。因為，只有嚴以律己的人，才會客觀地評論自己是「對自己很寬厚」。

■「以前曾有過痛苦的經驗，所以無論在戀愛或是人際關係上都變得有點膽怯吧？」

　　雖然有程度上的差別，但應該誰都曾在戀愛或人際關係上有過痛苦的經驗吧！而且「變得有點膽怯」也是一個非常含糊不清的說法，可以套用在任何人身上。再說，在戀愛或是人際關係上本來就不能肆無忌憚、為所欲為的吧！

■「你在自己身上投資了不少吧？」

　　花錢算命這件事本身，就可以說是一種對自己的投

資。想要解決煩惱、改善人際關係的人，應該都非常重視對自己的投資。你不是也投資了金錢和時間在這本書上，想要學會冷讀術，為自己的人生加分嗎？

■「你手邊有一些一直覺得該讀，卻還沒開始讀的書吧？」

對於不喜歡讀書的人，這一項例行話題當然是說中了；對於喜歡讀書的人，這項說法更是準確。因為對喜歡讀書的人而言，永遠都會有想讀的書和非讀不可的書出現，閱讀的速度根本就趕不上。統計數據也顯示，已經買回家的書中百分之九十都是第一章還沒讀完就被束之高閣了（當然，對你而言本書是例外，因為你已經讀到第二章了呢！）

■「你有不少被擱在一邊，還沒整理到相簿裡的照片
　吧？」

　　這個例行話題是千古不變的鐵律。近年來，雖然照片
以數位方式保存已經蔚爲主流，但只要稍稍改爲「有不少
被擱置一旁，還沒有時間整理分類的數位照片」就行了。

■「你有一些很想找時間去做，但已經過了幾年都沒有著
　手的事吧？」

　　相信你也非常瞭解，如果不是發狠下決心，一定要挪
出時間來做某件事，就很難眞的挑戰新的事物。而且，即
使優先順序不在前幾名，每個人多少會有一兩樣「這也想
做做看」，或是「那也想嘗試看看」的夢想吧！

■「最近有一些人突然就不與你聯絡了吧？」

　　「最近」這樣的說法不管怎麼解釋都行。幾乎每天都

會打電話來的戀人，昨天沒打來也可以說是「最近沒有聯絡」；每年都會寄賀年卡來的友人，今年沒寄來也算是說中。因為這是一個可以廣泛解釋的說法，所以腦海中很可能馬上就浮現了好幾個符合這個狀況的人。

■「在公司裡有人誤會你，對吧？」

反過來想想，能夠瞭解自己的人真的有那麼多嗎？人與人之間的相互理解本來就很困難。當然誰都想開心地工作，但身邊總是會有一、兩個合不來的人，而且通常都是因為一些沒什麼大不了的誤會或是意見不合所引起，並不是真的有什麼惡意。因此，這個例行話題應該套在任何人身上都能說中。此外，「誤會」也可以解釋成各式各樣的意思，就連過度高估你實力的上司，從正面的意義來說，也可以說成是「誤會」你的人，對吧！

■「雖然個性很容易吃虧，但其實你並不討厭這樣的自己，對吧？」

　　很少人會覺得自己常常占到便宜，因為人總是容易把注意力放在不滿足的部分。但是被別人指出「你的個性很容易吃虧」，其實也不會太開心，所以加上一句有微妙弦外之音的「你並不討厭這樣的自己吧？」來認同「這就是你的魅力所在」，往往能得到很好的效果。

■「就在最近，你對一個很重要的人發了一頓脾氣，感到很懊惱，對吧？」

　　我想每個人都有因為情緒焦躁，而遷怒別人的經驗吧？在越重要的人面前，越是容易恃寵而驕，把自己脆弱的一面展現在他面前。而且「就在最近」這樣的說詞也可以做非常廣義的解釋。鮮少亂發脾氣的人，就連回想起幾年前遷怒於小孩的事，都還覺得心痛不已呢！

■「最近是不是有點使不上勁呢？」

　　最近可能是指這兩、三天，也可能是指邁入了三十大關之後。而冷靜思考「使不上勁」這個說法，你會發現根本不知道是什麼意思。或許是指身體的健康狀態，也可能是指工作上的幹勁，也可以解釋成是「性趣」缺缺，也可以想成是人生的運氣。總而言之，這些都是可以無限擴大解釋的說詞。

■「最近睡得不太好吧？」

　　會來算命的人通常都有一些煩惱，其中晚上倒頭就能睡著的人當然也就很少。「最近」、「有點」當然都能無限擴大解釋。極端來說，所有人都比兒童時期更淺眠才是。

■「你通常都能給人好的印象，對吧？」

感受到「好印象」的不是當事人本身，而是與他接觸的人，因此理論上來說，當事人根本不能否定這個例行話題。只要你說「像我對你的印象就很好啊！」對方也沒辦法硬說自己都不能給人好印象，對吧！

最後，來一招這個如何？

■「最近該不會是談戀愛了吧？」

諮詢的問題當中最多的就是跟感情有關的了，所以說中的機率也就非常高。就算不是來問關於感情的事，但多少會牽扯到感情問題的案例也不足為奇。我身為一個心理治療師，曾經接受過很多人的諮詢，就算剛開始談的是工作或是健康上的煩惱，但常常最後七轉八轉還是轉到了感情的問題。而「最近」這個曖昧不清的說詞所能產生的效

果，相信各位已經有了充分的瞭解。

各位覺得如何？說不定你也能想出一些派得上用場的例行話題。

總之，所謂的例行話題就是「萬無一失的話題」，然後設法在其間穿插一些籠統曖昧的說詞，使其得以適用於各式各樣的狀況。

為什麼要使用例行話題？

看到這裡，你或許會產生了疑問：「所以呢？」

「例行話題的確套用在很多人身上都能說中，那又怎樣？」

對於你會這麼想，我感到非常高興。因為冷讀術的重點並不在於例行話題本身，而是在什麼目的之下，要如何

使用例行話題。

　以下的對話就是初學者常出現的狀況。

　　「你有不少還沒整理到相簿裡的照片吧？」

　　「對！有耶！」

　　「我就說吧！」

　　「咦……你為什麼知道啊？」

　　「我就是知道嘛！」

　　「喔！」

　　「……」

　　「……」

　　「所以咧？」

　　「呃？所以……所以什麼？」

　　「我的確有一些照片還沒整理到相簿裡……那所以
呢？」

「啊！這個⋯⋯」

不是跟你開玩笑，這種因為用例行話題說中了而滿心歡喜，卻沒有後續的人，真的很多。這是因為他們欠缺目標意識，也就是根本不知道自己是為了什麼要使用例行話題，才會落得這般難堪的下場。

請回想一下第一章提過的「讀心者須知一」：冷讀術不是所謂的猜謎，也不是變魔術，是為了讓對方相信自己，進而能夠聽取自己建議的一種手法。

正由於這是一種為了讓自己的建議更具說服力的技巧，所以已經超越了冒牌算命的範疇，而能夠普遍應用於心理治療、教練式領導（coaching）、工作、戀愛、人際關係等領域，是一種能夠引領人心的工具。

接下來，就讓我們試著從這個觀點，一起來看看例行話題實際的使用方法吧！

爲什麼別人無法欣然接受你的建議？

　　既然你對我的著作很有興趣，我想你一定是別人經常請教或商量事情的對象，所以應該有過這樣的經驗，也就是你明明設身處地聽對方說話，也盡心盡力替對方想辦法，但對方的反應似乎有點抗拒，無法欣然接受你的建議。

　　他們的回答通常是「可是……」、「我心裡雖然明白……」、「不是這樣的……」

　　到最後你受不了了，很想跟對方說：「那你愛怎麼樣就怎麼樣吧！」

　　來向你請教或商量事情的人，一定是正爲了某些事情感到煩惱或是猶豫不決，想聽你的建議才來的。這與去算命、接受心理諮商，或是到學校找老師諮詢的家長一樣，雖然有些人只要有人聽自己說話就能得到安慰，但通常都

希望能得到有用的意見才對。

然而很多人在聽了對方提供的建議後，卻無法立即接受。這是為什麼呢？

我認為，這是因為**潛意識裡「維持現狀機制」作祟的緣故**。

關於「維持現狀機制」的詳細說明，請參考拙作《放下「心靈煞車」的方法》（「心のブレーキ」の外し方），在此就不再贅述。簡單來說就是指「人類心裡存在著一個傾向於維持現狀的機制」。

所以窮人往往永遠都是窮人，煩惱的人永遠都在煩惱。當然我們在意識上都希望變成有錢人，也想解決煩惱，可是因為潛意識裡傾向於維持現狀的機制作祟，所以會產生與意識上的期望完全相反的作用。

因此，即使這個人是為了脫離煩惱而來尋求建議的，但是當這個建議越是正確穩當，他無法立即接受建議的傾

向往往也越強。

　　就好像你也無法完全否認，在閱讀關於自我成長的書籍時，也會禁不住出現抗拒的心理，比如「的確是這樣沒錯，但是……」，對吧？

　　因此越是正確的建議，越容易引發反感，從潛意識的層面來看，這其實是非常理所當然的反應。

　　想要更進一步了解這項原理的人，不妨閱讀《放下「心靈煞車」的方法》一書。這本書在拙作當中是最為暢銷的一本，並且獲得了廣大讀者極高的評價。在這裡打書真是不好意思，但我相信這本書中的觀點和想法，應該對你很有助益。

運用例行話題的技巧提供建議

　　但是，只要在給予他人建議之前，活用例行話題，就

能避免「維持現狀機制」所引發的反感。

　　接下來看看這個例子。

　　「（歪著頭擺出一副若有所思的表情）嗯……你家裡有不少散散亂亂、還沒整理到相簿裡的照片吧？」

　　「對！有耶！你怎麼知道啊？我都先隨便塞在箱子裡，雖然常常都在想不整理不行……」

　　「（點點頭一副果然如此的表情）是啊！雖然你一定很忙，不過有時間的話還是慢慢一點一點整理起來比較好喔！因為照片也有靈魂，如果細心保存的話，運氣也會變好唷！」

　　「嗯！如果是這種方式的話，我馬上就能動手做。」

　　如果只是單純地建議細心保存照片，運氣就會變好，力量還是太薄弱。因為潛意識裡的「維持現狀機制」就會

馬上啟動，讓人覺得自己並不想提升運氣，只要像現在一樣就好，因而出現「但是……」這樣的反應。當然，提供建議的人並不會發現這樣的意識正在你心裡運作。

不妨比較一下，一個自稱算命師的人第一次見面就跟你說：「好好整理房間的話，運氣就會變好喔！」與上面的說法這兩者間，哪一種比較容易讓你產生反感呢？

當對方先說中「你有還沒整理的照片」時，**因為是針對你的情形給予建議，所以感覺起來更真實，說服力便會油然而生。**

也正因為如此，就會產生一種信賴感，覺得對方說的應該是真的。而這份安心的感覺可以紓解潛意識裡的反感與抗拒，讓諮詢者覺得得到了很好的建議，然後心滿意足地回家去了。

例行話題在日常生活也發揮魔力

讓我再舉一個例子。這次不是算命，而是試著把例行話題運用在日常生活的對話裡吧！

公司裡有個叫做山田的同事，個性有點彆扭，是那種什麼都還沒做，就抱怨沒有人瞭解他的人，所以在小組工作時很容易與其他成員產生摩擦。

因此你想告訴山田，「其實大家都很喜歡你喔！」希望這麼做能讓山田和周圍同事的心情都好一點。畢竟為了讓小組工作更為順暢，有時善意的謊言也是權宜之計嘛！

以下的例子，就是在與山田的對話中，不著痕跡地運用例行話題的技巧。

「山田先生，你私底下是不是會出現和工作時完全相反的性格啊？」

「啊！是常有人這麼跟我說。經常有人說我在工作的時候太嚴肅了，但其實私底下還蠻有趣的呢！」

「（點點頭一副果然如此的表情）所以啊！其實大家都很喜歡你喔！」

因為山田一直覺得自己很「顧人怨」，如果你突然跟他說大家都很喜歡他，對山田來說，一點真實感都沒有。

但是山田明明覺得你應該只認識工作時的他，卻能說中私底下的他和在工作時性格完全相反，這時他會怎麼想呢？「其實大家都很喜歡你喔！」就算你說的只是一句客套話，聽在山田耳裡，也會跟真的一樣了。

「所以啊！其實大家都很喜歡你喔！」冷靜想想這句話，到底為什麼要用「所以」，在理論上根本無法解釋。不過，當對方是用這種方式說出來的，自然就會讓你忽略了道理，不禁覺得「大家應該是真的蠻喜歡我的吧……」

例行話題沒說中的時候

因此，只要例行話題能夠說中，緊接下來的建議或是遊說之詞，對方都能聽得進去了。

不過，在看過這些例子後，你大概會這麼想：**「不管例行話題再怎麼好用，也不可能每一次都那麼順利吧？」**

沒錯，正是如此。例行話題再怎麼準確，也不可能適用於所有的人。

只是，就算例行話題沒有說中，也不代表冷讀術就失敗了。重點在於當例行話題沒說中的時候，該如何處理。

於是，秘密武器要登場囉！

運用「無法證實的陳述」（UVS）
讓例行話題再升級！

　　只要學會當例行話題沒有說中的時候，如何巧妙地挽回尷尬的局面，就會更有自信去實踐冷讀術。

　　將計就計，補救解讀失誤的技巧很多，這裡讓我們來學習其中最簡單也是效果最好的一個方法吧！

想要活用例行話題，就要學會UVS

　　首先來看一下錯誤的示範。

「（歪著頭擺出一副若有所思的表情）嗯……你家裡有不少還沒整理到相簿的照片吧？」

　　「沒有耶！我一直很喜歡拍照，都會把照片細心地整理、保存起來。」

　　「啊！是這樣啊……不過，話說回來，在公司裡有人誤會你對吧？」

　　「……」

　　例行話題沒說中就馬上改變話題，這種算命師怎麼會有人相信呢！？這樣只會讓對方覺得你根本是在瞎猜，因為只要隨便多說幾個，總有一、兩個會說中吧！

　　例行話題沒說中時的處理方法有很多種，在本書中就一起來學習一種稱為「UVS」的方法吧！

　　「（歪著頭擺出一副若有所思的表情）嗯……你家裡

有不少還沒整理到相簿的照片吧？」

「沒有耶！我一直很喜歡拍照，都會把照片細心地整理、保存起來。」

「（塑造出一種「真的嗎？這真奇怪」的氣氛）真的嗎？或許有些照片你已經忘記了也說不定呢！」

最後一句話就是一個**「無法證實的陳述（UVS＝Unverifiable statement）」**。換句話說就是**「無法取得證據的論點」**。

「或許你已經忘記了也說不定」這句話，就算諮詢者本人也無法判斷是對或錯，所以也無法反駁。這是一項非常單純但巧妙的言語技巧——讓人在理論上無法說「No」。

總之，所謂UVS的技巧，就是將說錯了的內容轉換成「其實我說中了，只是你沒有發現而已」。

配合讀心的對象或狀況，UVS可以被無限地應用。譬如可以說：

「……或許是你沒有發現。」
「……或許你忘記了。」
「……或許你沒有注意到。」
「……或許你沒有特別意識到。」
「……或許是在你的潛意識裡。」

這些UVS在日常生活的對話當中也能發揮強大的威力，尤其可以幫助你讚美別人。

再多稱讚幾句嘛！

沒有人不喜歡被稱讚，只要我們高明的讚美對方，

對方一定會對你的印象特別好。沒有比這更實用的人際關係技巧了，但非常可惜的是，就是有很多人不願意讚美別人。

為什麼呢？因為這種人認為就算讚美對方，對方也只會謙虛地回答：「是您過獎了啦！」一點效果都沒有。

的確，大部分的人被稱讚時，都會表現出謙虛不受的態度。但你不知道的是，這種謙虛的態度背後，真正的意思其實是「別光說些泛泛的客套話，要稱讚得更有說服力一些呀！」

極端地說，隱藏在謙虛態度中的心情是，**「拜託你用更有力的說法來說服我，讓我知道自己有多厲害」**。

那麼，在面對態度謙虛的人時，該如何提出更有說服力的讚美呢？此時，就需要活用UVS的技巧了。

譬如，鈴木先生的長相平凡，外表打扮怎麼說也稱不上有品味，但是磊落大方的性格卻讓人有一種安全感。那

麼，你應該就個性上的優點來稱讚他。

「鈴木先生，你是那種對別人都很大方，但對自己很嚴格的人吧！」

此時，鈴木先生腦海中的「具體化原理」開始發揮作用。換句話說，他開始試著將這句話轉換成更貼近自己的經驗、更具體的形式。

「是啊！該說我是完美主義者嗎？其實啊！在前一陣子的專案會議上也是……」

就這樣，在UVS的引導下，鈴木先生開始一股腦兒地說出自己想說的話了。

但是，大部分的人一開始都會先謙虛一下。如果你對

鈴木先生說「你是那種對自己很嚴格的人吧？」而他卻斬釘截鐵地回答「NO」，那該怎麼辦呢？

「鈴木先生，你是那種對別人都很大方，但對自己很嚴格的人吧！」

「不。我一直都對自己非常寬厚啊！」

「呀！是這樣啊……」

這種時候才更要活用UVS，比如你可以這樣說：

「鈴木先生，你是那種對別人都很大方，但對自己很嚴格的人吧！」

「不。我一直都對自己非常寬厚啊！」

「（點點頭）或許是你沒有特別注意到，自然而然就形成了這樣的性格吧！（UVS）」

「（開心的樣子）哎呀！沒這回事！」

只要在最後加上這句話，鈴木先生就會對你留下非常好的印象，這樣的技巧真的是威力十足。

鈴木先生雖然嘴巴上說沒這回事，但其實心裡還是很高興的。因為他本來對自己沒有信心，總是覺得對自己太寬容了，但你的這句話卻馬上讓他覺得「真想不到，或許我在別人的眼裡，真是個嚴以律己、寬以待人、光明磊落的人呢！」

熱戀中的亞紀

接下來再一起想想更貼近日常生活的例子。譬如說，你想稱讚一位叫做亞紀的女性友人。

「亞紀啊！你最近變漂亮了呢！」

「眞的嗎？謝謝！」

以上是最普通的讚美方式。當然這麼說並沒什麼不好，被稱讚的亞紀也一定感到非常開心。但是，既然你已經學會了例行話題與UVS，不妨試試更深入的讚美方式。

單單稱讚「你最近變漂亮了呢！」力量的確稍嫌薄弱了一點，如果可以提到變漂亮的理由，這種稱讚的方式就會強而有力了。

不管什麼理由都行，即使有點牽強附會也不要緊，譬如說「因爲談戀愛所以變漂亮了」。讓我們來試試看這個理由的效果如何。

「亞紀啊！最近該不會是談戀愛了吧？」

「咦？爲什麼這麼說？」（如果對方反問理由，其實

就可以當作是你已經說中了。）

　　「一看就知道啊！因為你變漂亮了，你男朋友一定是
個很棒的人吧！」

　　因為直接就說中了「談戀愛」的事實，所以接下來所
說的「變漂亮了」、「男朋友是很棒的人」，這些說詞的
可信度也一定顯著提升。

　　於是亞紀也就能坦然地接受**雖然自己沒有發現，但真
的變漂亮了的事實**，並感到開心。

　　而且，不管是什麼樣的戀愛，其實心底多少會有些不
安，不確定對方是不是真的適合。正因為如此，當你肯定
她的男朋友一定是個很棒的人，對方就會感到安心，也覺
得他果然是很棒的。

　　畢竟你都一語道中了對方正在談戀愛，由你口中說出
「你男朋友一定很棒！」就好像有專家掛保證一樣，對方

當然也深信不疑囉！

就算亞紀沒有談戀愛

不過話說回來，前面假設的是你碰巧說中了亞紀正在談戀愛這件事，但現實生活中不會每次都那麼幸運，這時又該怎麼辦呢？

對了！只要馬上端出UVS的絕招就行了。

「亞紀啊！最近該不會是談戀愛了吧？」

「唔……沒有啊！」

「是喔？因為你最近變漂亮了，我還以為你有什麼喜事了呢？」

「是嗎？我一點都沒有變啊！」

「只是你自己沒有發現而已啊！（UVS）」

不管有沒有談戀愛，被稱讚變漂亮時，每一個女生都會很開心。連沒有談戀愛的亞紀，也會因為你的一句話而覺得，雖然自己沒發現，但說不定真的變漂亮了，而開始暗自竊喜起來。

　　然後「具體化原理」就會開始發揮作用。換句話說，亞紀會試圖將這句話套用在更為具體的自身經驗上去。

　　「最近我很專注在工作上，大概因此才看起來亮眼動人吧！還有，我最近也開始注重起飲食了，也會提醒自己要笑臉迎人，主動與人打招呼。嗯……或許就是這些改變所造成的結果，在不知不覺之間流露出來了吧！」

　　亞紀被你這麼一說，一定會覺得很開心，對你也就更加信任了。因為連亞紀自己都沒有發現的事，你卻注意到了呢！

檢查你的理解程度

　　在解說完這些冷讀術的技巧之後，最後要進入本章的總結，我們將一起看幾個含有前述技巧的對話範例。這些內容比現實生活中的對話來得誇張一些，所以應該非常容易掌握重點。

　　因為這些範例兼具成果驗收的測驗性質，所以我把解說部分省略，請自己找找看例行話題都被應用在哪些狀況當中吧！

假通靈者使用的冷讀術

「最近是不是有點使不上勁呢？」

「嗯……應該沒有吧！」

「啊！或許是你自己還沒發現，你的氣場有點……」

「氣場？」

「最近有沒有碰到排隊的時候，被後來的人插隊的事呢？」

「唔……沒有耶！」

「這些都是很瑣碎的事，我想你也不會一一記得……」

「啊！你這麼一說，我想起來昨天去吃飯的時候，隔壁桌和我點了同樣的菜，但是他們明明比我晚到，菜卻先上了！我本來要跟店家抗議的，但心想店裡確實人滿為患，有些小差錯也是莫可奈何，所以就忍了下來。」

「（點點頭）對吧！因爲你的氣場變弱了，所以連吸引力都降低了唷！」

「呃？這、這是眞的嗎？這麼說來，最近……」

假通靈者使用冷讀術，可以讓諮詢者陷入不安的狀態，從中騙取龐大的錢財。（請你千萬不要上這種當。如果是正派的通靈者，絕不會故意讓諮詢者感到不安。反而會盡可能安撫並鼓勵諮詢者，讓他們感到安心。）

（提示：諮詢者在面對含糊不清的例行話題時，會主動提供更爲具體的資訊。在這裡使用的是稍微變形的UVS。）

服飾店店員使用的冷讀術

「歡迎光臨！這件衣服非常適合你唷！」

「唔……這家店我第一次來，所以不太確定……這件

衣服對我來說太花俏了吧？」

「可是，你最近不是正想要改變形象，讓自己煥然一新嗎？」

「啊？是啊……你怎麼知道？」

「所以你就試試看嘛！」

「但是，這麼露的衣服，我有點……」

「你平常穿的衣服都比較樸素吧？」

「是啊！因為工作的關係。」

「不過私底下你的個性其實蠻開朗活潑的，對吧？」

「哈哈哈！的確是耶！」

「你自己可能不知道，但我從第一次見到你的角度來看，這種大膽的衣服更能顯現你的魅力唷！」

「真的嗎？」

「不先試穿看看也無從判斷吧？」

「嗯，你說得對。那我就來試試看好了！」

服飾店店員適當運用冷讀術，可以讓客人有自信，買下他們眞正想穿的衣服。

　　（提示：到一家從沒去過的店，那一定是因爲想要尋求一個與以往不同的形象。因此……）

聯誼時使用的冷讀術

　　「理繪小姐，你手上戴的戒指，一定是很重要的人送的吧？」

　　「沒有啊！是自己買的，很便宜的啦！」

　　「是喔？那你眞的很會買東西耶。」

　　「這隻戒指可是我心愛的收藏之一。」

　　「是啊！很有品味的戒指呢！果然，雖然東西不貴，卻能塑造出自己的風格，才是眞正有品味的人呢！」

　　「就是啊！我最喜歡花時間在這些事情上面了。」

「不過啊！你雖然不浪費，但該花錢的時候，也是毫不手軟的，對吧？」

「對對！好厲害喔！你怎麼知道的啊？其實我都是平常拚命存錢，然後每三年出國一次來趟豪華之旅，住在那種會讓人眼花撩亂的高級飯店裡唷！」

「哇！讓人眼花撩亂的高級飯店啊？那住在裡面的感覺怎樣？」

「你想聽嗎？嗯，其實啊！我今年打算要去峇里島……」

聯誼時使用冷讀術，可以讓第一次碰面的人開心地與你暢談，並贏得好印象。

（提示：這個對話當中，開頭的第一個例行話題失敗了，但請注意說話者如何從這個失誤中展開緊接下來的談話。）

本章主要內容是例行話題的解說。下一章裡，將介紹如何輕鬆學會更貼近對方狀態的解讀方法。

右手系統（RHS）
讓你馬上成為眞正的讀心者！

Chapter 3

在此，我想要傳授給大家不必特別死背，

也能讓初學的人流暢說出冷讀術說詞的特別技巧。

這個技巧我以往只在小班制的研習課程中，

偷偷地教授給參加的學員，

甚至還有學員認為，

把它寫在書裡公諸於世，

太可惜了呢！

不過，我還是不想偷偷留一手。

這一項know how，我稱之為「右手系統」(RHS)。

RHS不需要任何的預備知識，

需要的是玩心、一點點的勇氣，

和你的「右手」而已。

不用死背也能脫口而出
何謂「右手系統」？

　　學習新技巧時，光抱著書猛啃是不夠的，最重要的還是要鼓起勇氣去實踐才行。

　　尤其是冷讀術這種技巧，如果只讀文章，很容易讓人覺得「沒有人會相信這個吧！」就這一點來說，或許冷讀術與魔術具有相同的特性，因為大部分的人在知道魔術手法的真相後，都會忍不住說「咦～什麼嘛！」

　　不過，專業的魔術師就是用這個「咦～什麼嘛！」為觀眾帶來驚喜與歡樂。這不單純是因為他們知道手法背後的秘密，還因為他們能夠純熟的實踐這些手法。

冷讀術的道理也一樣。

即使擁有豐富的知識，但自己不能親身實踐的話，就稱不上是真正的理解。

「可是，就算想要實踐，關於冷讀術的詞彙卻不夠，所以很難說出個所以然來……」

這似乎是冷讀術初學者共同的煩惱。

在歐美確實流傳著幾本「例行話題集」的手冊，冷讀術初學者通常會先取得這種手冊，把幾十頁的例行話題死背下來之後才開始實踐。

但大部分的人在這一階段就覺得厭煩了，所以很少能夠進一步堅持到實踐的階段，結果就是造就了更多的「冷讀術評論家」而已。

只是，既然已經投注了時間與金錢來閱讀本書，我

當然希望各位多少都能從中汲取到一些能爲人生加分的東西。

　　所以在此，我想要傳授給大家**不必特別死背，也能讓初學的人流暢說出冷讀術說詞的特別技巧。**

　　這個技巧我以往只在小班制的研習課程中，偷偷地教授給參加的學員，甚至還有學員認爲，把它寫在書裡公諸於世，太可惜了呢！

　　不過，我還是不想偷偷留一手。這一項know how，我稱之爲「**右手系統（RHS＝Right hand system）**」。

何謂RHS？

　　RHS的基礎就是「**Me型／We型**」的性格解讀。有關Me型／We型的詳細內容，我在過去的幾本著作中都有著墨，相信很多人已經知道了。

簡單來說，人可以分成以「我」為中心思考、行動的Me型，以及以「我們」為中心思考、行動的We型。因此，即使是初次見面的人，只要從外觀特徵分辨出他是Me型或者是We型，就能夠幫助我們進行極為準確的冷讀術。

Me型／We型的性格解讀是最單純且實際的概念，但是仍有不少人在應用時覺得很挫折。

「話雖如此，但我還是沒有分辨出這兩種類型的自信。」

「總是無法流暢地說出來。」

「我太緊張了，該說的話都哽在喉嚨。」

這也難怪，因為沒有人是百分之百的Me型，或是百分之百的We型，不像血型是客觀、絕對的分類方法。

但是，不管是運用在冒牌算命、工作或者是日常生活，如果不能充滿自信地在自然的對話當中說出例行話題，冷讀術也無從施展。

所以，我將自己剛開始學習冷讀術時，實際演練所使用的方法整理成一個系統，那就是RHS。

當然，就算對Me型／We型的性格解讀一無所悉，對於RHS的學習也不會造成任何障礙。

RHS不需要任何的預備知識，只需要玩心、一點點的勇氣，和你的「右手」而已。

操作指南就是你的「右手」

首先攤開你的手掌，掌心朝上，然後請看你的右手。自右至左分別是大拇指、食指、中指、無名指，還有小指。

只要記得每一根手指的特質，接下來在冷讀時需要的所有詞彙，都能從手指「聯想」出來。訣竅就在於，**只要說出由每根手指聯想出來的例行話題，就是一整套適用於**

對方的解讀。

　　讓我們趕緊來看看！首先就從大拇指開始——

大拇指是「大哥風範」

　　大拇指的聯想是**「大哥風範」**。

　　要記得的只有一點。既然稱之爲「大」拇指，就有一家之主、主人、師傅、老闆等等意思，所以大拇指的聯想就是「大哥風範」。很簡單吧！

　　接下來要做的，就是想像你面前的諮詢者是個具有「大哥風範」的人，然後再進行解讀就行了。譬如說——

　　「你應該頗具大哥風範，相當受人倚重，對吧？只要別人一開口請託，你就無法拒絕，忍不住想要幫助對方！你從不在乎得失，見到有難的人都會想要助他一臂之力，

是個很會照顧人的人……」

　　換句話說，只要能說出由「大哥風範」聯想到的形象就行了。所以完全不需要死背，也可以想出非常多說詞了。

　　「你的個性不拘小節，非常慷慨大方。」
　　「你是個會抑強扶弱，非常可靠的人。」
　　「你非常大器，對於他人的小失誤不會斤斤計較。」

　　或者也可以從「很會照顧別人」這一點上去著墨，「你很喜歡小孩吧？」之類的解讀也相當可行。
　　當然，如果對方是女性，說成是大哥風範就太過分了一點，所以不妨換成「你很有大姊風範，個性非常直爽乾脆、慷慨大方，對吧？」

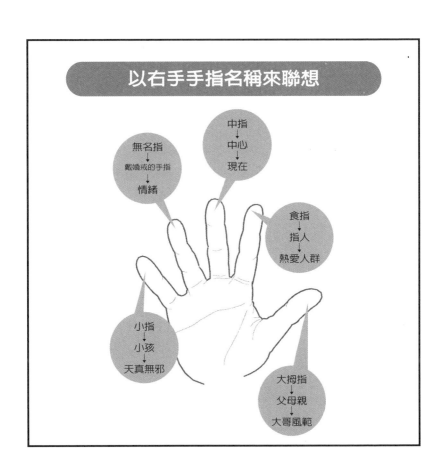

以上所有的說法，都是將「大哥」的個性用各種方式表達而已，所以也不必想得太複雜，以輕鬆的心情來看待就行了。

　　「但是……」此時，你的腦海中一定會浮現一個疑問，那就是並不是每個人都具備大哥風範，如果對方回答「不是」的時候，又該怎麼辦呢？

　　的確如此，不過請稍安勿躁，關於這個問題的解答容後再述。現在請以按照各隻手指延伸出來聯想進行解讀為大前提，耐心看完以下的說明。

　　稍後，我們將會提供簡單到令你大吃一驚的方法來解決這個問題，敬請期待。

食指是「熱愛人群」

　　在講解完大拇指的聯想之後，緊接著是食指。食指聯

想的單字是「熱愛人群」。

　　這是因為食指最常用來指著別人，所以取其形象來做聯想，非常的直截了當。所以在解讀的時候只要將「你非常熱愛人群吧！」這一點，用你自己的話來表現即可。

　　讓我們試試看吧——

　　「你的個性啊！用一句話來說，就是非常熱愛人群，對吧？你喜歡跟大家熱熱鬧鬧地玩在一起，甚至常常徹夜狂歡，因為一個人獨處，你就會覺得很寂寞。你也很容易跟第一次見面的人馬上就變得很熱絡，對吧？所以你應該有很多朋友……」

　　如果再進一步延伸的話，也可以解讀為：

　　「你喜歡團體運動勝於個人競賽。」

「你適合像是業務、老師、醫生等，與人密切相關的工作。」

中指是「現在」

　　在講解完大拇指、食指的聯想之後，接下來要說明的是中指。中指的聯想單字需要稍微轉一個彎。

　　仔細端詳我們攤開的右手，中指正如其名，是位在正中央的手指。

　　如果從由過去、現在、未來組成的時間軸來看，位在正中央的就是現在。所以，中指的聯想單字就是**「現在」**。

　　而解讀時便可以說「你是個不拘泥於過去或未來，只想要珍惜現在，也就是當下這一瞬間的人」。

　　讓我們來看一下解讀的範例。

「對你來說，及時行樂比什麼都重要，對吧？因爲你不太會受過去的事束縛，所以即使吵架了，大部分的時候隔天就忘得一乾二淨了。你是那種與其杞人憂天擔心將來的事，不如先行動再說的人……」

　　當然，由「現在」這個單字還能做更多的聯想，譬如：

　　「你不會被未來的夢想、目標之類的東西所限，而是認眞度過每一天。」

　　「不管工作或是玩耍，你常常都是非常忘我的。」

　　「遭遇困難時，你其實也不太擔心，覺得反正船到橋頭自然直。」

無名指是「情緒」

到目前為止還跟得上嗎？已經漸漸掌握住訣竅了嗎？

講解完了大拇指、食指、中指，接下來就是無名指了。

無名指是用來戴戒指的手指。通常結婚戒指都是戴在左手的無名指上，而戒指給人一種非常浪漫的感覺。

因此，無名指的聯想單字就是**「情緒」**，也就是指感情的意思。

換句話說，對方通常比較情緒化，是重情感勝過理論的類型。解讀的說詞譬如像是：

「你是個非常重感情的人，重視感情勝過理論，對吧？正因為如此，你很容易一下子脾氣就上來了，也常常因此悔不當初。是屬於感情起伏比較激烈的人……」

只要想像一下情緒化的人會有哪些反應，解讀的說詞就能無限延伸。譬如：

「有時候人家只是開個小玩笑，卻讓你很受傷。」

「你是感情非常豐富，常被人家說是喜怒哀樂全寫在臉上的人。」

「無論什麼事，沒有親自嘗試過就不肯善罷干休。」

小指是「小孩」

　　最後，小指的聯想單字是**「小孩」**，這也是一個非常直接明瞭的聯想。

　　解讀時的方向就是「你擁有孩子般天眞又單純的性格」。譬如說：

「但是，該怎麼說呢？你應該是有點愛撒嬌的個性吧？是不是啊？你容易感到寂寞，一不理你就會開始鬧彆扭。而且，你的個性很直率，所以很容易相信別人，但也因此常常受傷……」

　　「小孩」通常有哪些特質呢？不妨發揮你的想像力，思考一下解讀時的說詞。

　　「非常純真，但也容易受傷。」
　　「最愛吃飯和睡覺。」

　　當然，解讀的時候不該有嘲諷的語氣或態度。只要將你在對方的個性中感受到單純可愛的特質傳達出來，再怎麼可怕的人也會笑逐顏開，願意打開心扉承認「其實啊！真的是這樣耶！」

右手聯想單字的復習

我們已經逐一看過了各個手指的聯想。在此，我們不再翻回前幾頁，請分別回想一下各個手指的聯想單字。

大拇指的聯想單字是什麼呢？（「大」字的聯想是⋯⋯）

食指的聯想單字是？（是熱愛什麼呢⋯⋯）

稍微得轉一個彎聯想的中指是代表？（因為是正中央的手指，用時間軸來看的話就是⋯⋯）

那無名指的聯想呢？（因為是戴戒指的手指，所以重視什麼勝過理論呢⋯⋯）

小指的聯想單字很簡單對吧？（「小」字的聯想是⋯⋯）

如何？雖然只是大致瀏覽過一遍而已，但幾乎已經完全記起來了。

　　只要從大拇指到小指，按順序將所有的聯想單字都加以延伸，就能進行幾近完美的解讀。**再也不會因為不知道接下來該說什麼，而驚慌失措了。**

　　而由聯想單字延伸出來的說詞也無需死背，譬如小指的話，就只要將「小孩」的特質和**魅**力套用在對方身上，想到什麼通通說出來就行了。

　　習慣了之後，即使偏離了聯想單字自由發揮也不要緊，竅門就在於剛開始練習解讀時，儘量不要偏離聯想單字太多。

試試看「影子冷讀術」

　　那讓我們趕緊開始練習吧！

每一個手指只要說出一兩句就夠了，請試著從大拇指開始循序漸進，進行屬於你自己的「影子冷讀術（shadow cold reading）」。

　　「（大拇指）大家真的都很依賴你呢！嗯，該說你是具有大哥風範呢？還是說你是一個值得信賴的領袖呢？總之，人家一拜託你，你就拒絕不了，對吧？你很大方，不拘小節。很有正義感，只要一見到對方有困難，會不計得失地想要助他一臂之力。

　　「（食指）總而言之，你就是熱愛人群啦！比起一個人偷偷摸摸地做些什麼，更喜歡大家熱熱鬧鬧地玩在一起，所以你身邊總是圍繞著一大群人，對吧？

　　「（中指）你不會受過去的事影響而躊躇不前，因為當下最重要。所以即使吵架了，隔天就忘得一乾二淨了。你也不太擔憂將來的事，是不管怎樣先做了再說的人。

「（無名指）這麼說來，你算是非常果斷的人，但是有時候也不免情緒化，容易因為別人不經意的一句話而感到很受傷。感情起伏還頗激烈的，經常一下子脾氣就上來了。

　　「（小指）不過，其實你是很怕寂寞的人吧？如果對方不理你，就會開始鬧彆扭，真是可愛的個性。所以，大家也因為喜歡待在你的身邊，自然就聚集過來了！」

　　當然，如何解讀手指聯想字，並沒有正確答案。只要攤開你的右手，按照順序試著說說看就行了。我再強調一次，剛開始練習的時候毋需勉強，每一根手指能夠聯想出一、兩句就行了。

　　這些右手的聯想單字，就是RHS的基礎，請一定要學會。

找熟人練習「黑白說靈感讀心術」

當你熟悉了一個人的「影子冷讀術」之後，不妨嘗試找一個熟人，來練習一下「黑白說靈感讀心術」，你會發現非常有趣。

「請你在心裡想著一個我不認識，但是與你很親近的人。請在腦海裡想像這個人的具體形象，然後我要開始感應他在你腦海中的樣子。嗯⋯⋯這個人應該是具有大哥或是大姊風範的人，非常受到周圍的人信任吧？是一個喜歡跟大家玩在一起的人⋯⋯」

不過，我想大概一半都沒說中。

稍後將會說明沒說中時的處理技巧，但現在只要知道這是個學習右手聯想單字的練習，千萬不要介意是不是說

中或是說錯了。

　　抱著玩心，去享受這個練習過程才是最重要的。

不管對方是誰都能完全命中
何謂「Z形折返」？

　　到此為止，相信熟知Me型／We型分類的人會發現，根據右手手指所做出的一連串解讀，都是傾向We型的解讀。

　　但是，當然並非所有的人都是屬於We型，因此同樣也必須學習關於與We型相反——Me型的解讀方法。而且一開始最迫切需要解決的問題便是，**如何分辨對方到底是We型還是Me型？**

　　不過，RHS這個系統最大的特色就在於，只要學會了右手聯想，就能適用於所有類型的人。

左手是右手的相反

相對於右手是對We型的解讀，左手對應的則是Me型的解讀。

「唉！好不容易記完了右手，結果還有左手喔……」

千萬不要因此大失所望，因為你完全不必重新死背別的東西，只要記住**與右手手指「完全相反」的特性就可以了**。

所以只要記得了右手各個手指的聯想單字，其餘的解讀幾乎都可以自動完成。

而要如何分辨Me型／We型的問題，稍後將會說明。首先，試著將左手拿出來，然後與右手一樣，手掌朝自己的方向。

接著讓我們一起看看具體實例。

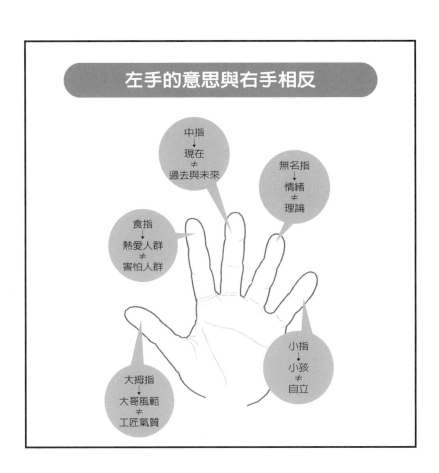

左手大拇指是「工匠氣質」

右手大拇指的聯想單字是「大哥風範」對吧？

左手大拇指代表的意思，只要想成與右手完全相反就對了。

大哥給人的印象，就是周圍常跟隨著許多的夥伴，那麼相反的形象，就是孤獨一人專注於某件事情。

所以相對於「大哥風範」，左手大拇指的聯想單字就是**「工匠‧專家」**。

不過，其實也不必刻意去記「工匠氣質」這一個單字，只要能說出與右手大拇指的「大哥風範」完全相反的解讀即可。譬如說：

「簡單來說，你就是專家性格，屬於會自己一個人徹底追求某個目標的人。因為你凡事都想自己來，不覺得受

人幫助是件好事，對於那些隨便就想依賴你的人，你有時會覺得很不耐煩……」

其他像是：

「比起統領全體，你更適合從事特定領域的專業工作。」

「應該常有人誤解你是很冷漠的人。」

或是，右手大拇指可以解讀成「喜歡小孩」，那左手就剛好相反，可以解讀成「你其實不太懂得怎麼跟小孩相處，對吧？」

左手食指是「害怕人群」

右手食指的聯想單字是什麼呢？

答案是「熱愛人群」。而左手食指與右手完全相反，所以就是……。

沒錯！左手食指的聯想單字就是**「害怕人群」**。

很簡單吧？

解讀時，只要將與右手食指完全相反類型的特質描述出來就可以了，非常容易。

「老實說，你覺得人際關係這種事很麻煩，對吧？雖然偶爾也能和大家嘻嘻哈哈地玩在一起，但就是會覺得累人。你絕對需要獨處的時間。比起與誰都能熱絡相處，只有那些能讓你打開心房的人，你才會把他們當作朋友。因為挑選得非常嚴格，所以朋友算是比較少的那種……」

但是千萬要注意，如果直接說「你就是討厭人群」，對方會覺得自己被說成了一個討厭鬼，心裡自然也不舒

服。所以訣竅在於，讀心者要表現出自己的個性也有一點這樣，和對方非常有共鳴的樣子。

解讀的方式可以無限擴充，譬如說：

「你很不擅長與人交往。」

「和別人第一次見面時，總是會不必要地緊張。」

「一個人獨處時，完全不會覺得無聊，反而樂在其中。」

「喜歡，而且也比較適合個人競賽勝過於團體合作。」

左手中指是「過去與未來」

右手中指的聯想單字是「現在」，屬於不拘泥於過去或未來的人。那麼左手中指的話呢？

沒錯！就是「**過去與未來**」。也就是會相當在意過去與未來的類型。

　　所以，解讀的方式就變成是：

　　「你無論做什麼事情，都非常重視過去實際的成果，對吧？你不是那種漫不經心，在毫無根據的狀況下就貿然行動的人，一定會先經過深思熟慮。可以說是非常穩重、謹慎小心的人。」

　　重視過去和未來勝過現在這一項特質，只要動點腦筋也可以有各式各樣的應用，譬如：

　　「你對於人生擁有明確的夢想與目標。」
　　「不管在任何時刻，都能抽離自身處境，用第三者的角度從旁仔細審視自己。」

「在遭逢困境時，只要先做了最壞的打算，就會覺得比較放心。」

左手無名指是「理論」

如何？雖然可能感覺比右手的時候稍微複雜一些，但只要能說出與右手手指「完全相反」的聯想即可，所以不必想得那麼困難。

右手無名指的聯想單字是「情緒」，屬於重視感情勝過理論的性格。

相反性格的話，就是重視理論勝過感情。因此，左手無名指的聯想單字就是**「理論」**。

解讀也非常簡單：

「你比較不會被感情牽動，總是能夠冷靜客觀地做出

判斷，對吧？因為你不太把情緒表現出來，所以容易給周遭的人一種不容易親近，或是總是不知道你心裡面在想什麼的感覺。因此，大家對你的感覺應該是尊敬多於親切……」

當然，被人說是「愛說道理」、「光說不練」，沒有人會覺得開心。所以重點就是要說些讓別人聽起來會心情好的說詞，譬如說：

「你是個很聰明的人。」
「你是那種絕對不會被迷信所惑，總是靠自己腦袋思考的人。」
「你因為學富五車，所以相當受人倚重。」

左手小指是「自立」

　　最後是小指。右手小指的聯想單字是「小孩」，那麼左手就是大人，而對照小孩一個人就無法生存的特質，大人最大的特徵應該就是**「自立」**了。

　　所以左手小指的聯想單字就是「自立」。

　　解讀的方式譬如：

　　「你最大的優點，就是能夠靠自己的力量生存。對別人說的話你不會輕易地信以為真，凡事都會自己充分思考過後才做出判斷。不喜歡什麼事都要靠別人、依賴別人。因此，你也非常不善於撒嬌，對吧……」

　　解讀時只要將「自立的成人」的形象描述出來即可。重點就是要強調大人的嚴謹，而不是小孩的天真無邪。

也可以將解讀的幅度更靈活地擴充延伸，譬如：

　　「你害怕將自己脆弱的一面表現出來。」
　　「自立的人經常會被誤解爲嚴苛的人、有點恐怖的人。」
　　「尤其在工作上，經常勉強自己，忙得沒日沒夜。」

左手聯想單字的復習

　　或許與右手的解讀相比，左手好像稍微困難了一點，不過相信你應該都能充分掌握了吧！
　　讓我們再復習一次。

　　左手大拇指的聯想單字是什麼呢？（「大哥風範」的相反。因爲喜歡一個人獨自追求所以是……）

左手的食指是？（因爲是「熱愛人群」的相反，所以是……）

左手中指的聯想單字是？（因爲是「現在」的相反，所以是拘泥於什麼的人呢……）

那左手無名指呢？（不被「情緒」或是「感情」所左右……）

左手小指的又是什麼呢？（「小孩」都很依賴大人……）

你看！已經記起來了吧？

只要記得這些聯想單字，就不必一一死背解讀的說詞了。不！不如說，不要死背比較好。

如果解讀時，是一邊回想死背的例行話題一邊說的話，容易給對方一種在背稿的感覺，只會把場面搞得很冷。

如果是以聯想單字爲基礎做延伸或發揮，則會帶給對方好印象，讓對方覺得你眞的是在說他的事情！

RHS的秘密：Z形折返法

　　在基礎確實穩固之後，接下來才是RHS眞正厲害的地方。

　　如果按照右手手指的順序，以聯想單字爲基礎，用延伸或發揮的方式進行解讀的話，這些說詞恰巧等於是針對We型的解讀。

　　而從左手的聯想單字則可延伸出Me型的解讀。

　　歸根究柢，所有人不是We型就是Me型。這樣一來，相信各位已經理解我想說的事了吧？

　　首先，從右手的大拇指開始往小指依序進行解讀，如果其中有任何一處的解讀沒有說中時，不必驚慌，只要馬

上轉移到另一隻手的同一隻手指就行了。

　　這個方法稱為**「Z形折返法」**，是RHS最主要的手法，根本無需分辨對方是哪一個類型。

　　接下來讓我來說明它的步驟。

① 首先，從右手的大拇指開始解讀，重點在於「大哥風範」。

② 如果對方的反應還不錯的話，就繼續往右手的食指移動，以聯想單字「熱愛人群」為中心，自由發揮進行解讀。

③ 如果食指的解讀反應也很好的話，就直接往中指移動，以聯想單字「現在」進行解讀。

④ 萬一，此時對方出現了否定的反應，說「不，我非常在意未來的事。」就冷靜地轉移到左手的中指，然後繼續進行解讀。換句話說，就是切換到以「過去與未來」為

聯想單字的解讀。此時，可以使用UVS來彌補一下先前的失誤。

⑤ 接下來，再繼續移動到左手的無名指。左手無名指的聯想單字是與「情緒」相反的「理論」，因此可以朝「你比較不會被感情牽動，總是能夠冷靜客觀地做出判斷」的方向解讀。

⑥ 如果對方的反應是肯定的話，就直接往左手小指移動，以「自立」為聯想單字進行解讀。

⑦ 但是如果對方對「自立」的解讀表現出了否定反應時，就再次移往右手的小指。記得先利用UVS緩衝一下，再以「小孩」為聯想單字進行解讀即可。

接下來讓我們模擬一下這個流程吧！

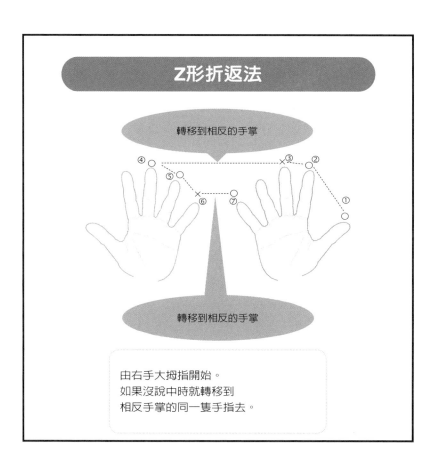

Z形折返法的模擬練習

假設有一位叫做高橋的部長，因為作風有點強硬，所以與部屬之間有點小磨擦。現在的狀況是你想要告訴他，要多設法了解部屬一點。

但如果直接說的話，對方一定會怒不可遏，結果什麼都聽不進去。於是我們決定先用冷讀術贏得高橋部長的信任之後，再給予建議。

讓我們試著用RHS來進行。

「①高橋部長的個性應該頗具大哥風範，備受大家的倚重，而且只要看到別人有難，就會將得失置之度外，想助他一臂之力吧？」

「嗯！的確是有一點這樣。可是啊！有時明明幫了對方一把，對方卻恩將仇報！唉！不過沒辦法，我就是這種

愛管閒事的個性啊！」

「嗯，的確如此。②所以說，高橋部長就是熱愛人群啊！和大家嘻嘻哈哈玩在一起的時候，比什麼都開心吧？你應該也非常重視你家人。」

「（深表同意）嗯，是啊！畢竟沒有人能夠離群索居嘛！」

「③而且你是那種不會擔憂未來，只想珍惜每一個當下的人，對吧？」

「（變成有點訝異的表情）不！我很擔憂將來的事，而且是非常擔憂。」

「④所謂珍惜當下一定已經自然而然成為你個性中的一部分，只是你沒有特別意識到而已（UVS）。（轉換到左手的中指）所以說，你不會在沒有任何根據的狀況下貿然行動，是會先確實訂立計劃，然後才行動的類型。」

「嗯，是啊！雖然大家總是說我愛瞎操心，但畢竟我

是身負重任呐！」

「是啊！⑤你一定認為不被感情牽動，冷靜思考後才行動是很重要的。」

「對啊對啊！我真的覺得這很重要，雖然感情也很重要。」

「嗯⋯⋯⑥看得出來高橋部長對自己非常嚴格，期許自己能夠獨當一面。」

「（歪著頭）唔⋯⋯但是實際上要做到卻很困難啊！」

「那是因為高橋部長對自己太嚴格了，就算實際上已經做得很不錯了，卻還不滿意而已（UVS）。⑦不過，雖然對自己嚴格，但高橋部長很愛對別人撒嬌喔！如果對方不理你的話，就會開始鬧彆扭。」

「哈哈哈！是啊！的確有一點。真厲害耶！我都被你看穿了啊！尤其是女生不理我的話，我就會變成一個任性

彆扭的男人唷！」

「哈哈哈！（最後提出建議）其實部屬也一樣啊！他們也希望高橋部長能夠多關心他們一點。當然我知道高橋部長是個大忙人，但即使一點點的時間也好，找個機會和每一個人單獨聊聊，一定很有幫助。您覺得呢？」

「嗯……你說得沒錯。被你這麼一說，我好像真的總是忙於工作，幾乎沒有時間聽聽他們的心聲了……謝謝！我會找個時間和每個人好好談談的。」

靈活的RHS適用於任何對象

前面提過，這世上沒有百分之百的Me型，或是完完全全的We型，**每個人都是Me型和We型的混合體**。而且混合的程度會因人而異，所以在解讀Me型／We型時總是容易搞混，這就是利用以往的類型分析進行解讀時的缺點。

然而，RHS可以因應對方的反應，靈活地在左右手間變換。因此，**不必特別意識或是判斷出對方是Me型或是We型，仍舊可以針對對方的混合程度（個性），做出適合的解讀。**

　　不過，RHS為什麼要從右手開始呢？

　　當然，如果對方很明顯地就是偏向左手的類型（Me型），你也可以直接從左手大拇指開始。

　　只是，面對第一次見面的陌生人，大概很難有信心正確判斷出對方哪一種類型的傾向較強。此時從右手類型（We型）開始試探，即使失誤的話也比較容易「圓過去」。

　　為什麼呢？因為被別人說「你頗具大哥風範，而且備受大家信賴」，即使覺得不準，通常也不會有人覺得不舒服。

　　但是，如果被別人說「你是工匠性格，總是一個人孜

孜不倦地追求著目標」，有些人就會覺得「我看起來有那麼陰沉嗎？」才剛開始解讀，對方就產生抗拒感的話，接下來就很難挽回了。所以從右手（We型）開始解讀，是較為安全的做法。

日常溝通中使用時

所謂的冷讀術，原先是為（假）算命師設計的技巧，所以很容易讓現場氣氛變成是單方面猜想對方心事的對話。

如果真的是算命的場合也就罷了，但不能否認，將冷讀術套用在工作或是日常生活時，的確會有一點不自然的感覺，而且有時難以形成一個聽起來很平常的對話。

在實際實踐時就會發現，雖然你想從大拇指開始依序前進，但常常不知不覺中對方就主導了對話的走向，而完全跳到別的手指所代表的主題。

這種時候，不需要強行將對話帶回RHS的步驟，只要如同平常聊天一樣樂在其中就行了。因為對方能夠心情愉悅地與你交談，對解讀絕對有正面的幫助。

　　請回想一下第一章裡提到的「讀心者須知二」，就是讓對方說他想說的。

　　所以，當對方開懷暢談時，請耐心地聽他說完。等到對話告一段落，再回到「手指」上去即可。

　　此外，在日常生活的溝通中運用RHS，也不需要涵蓋所有的手指。

　　重要的並不是例行話題或是RHS。請不要忘記，無論最終目的為何，冷讀術的技巧都只是為了「讓對方說他想說的，讓自己說對方想聽的」。

　　不過，唯有實際實踐過的人才會發現這些重點。而且隨著不斷實踐RHS，連平常對話的方式也都會變得更高明喔！

右手系統總整理

最後，讓我們一起將右手系統的重點做個總整理。

之前舉了好幾個例子提供讀者參考，但這些只是為了幫助讀者更深入理解各個聯想單字，完全不需要死背。

只要牢記聯想單字，剩下的就是發揮想像力，進行解讀即可。與其笨拙地死背台詞，這樣的方式更能自然的說出解讀。

大拇指

右手大拇指的聯想單字：大哥風範

◎ 解讀範例

* 大哥（大姊）風範。

* 受人倚重。

* 善於照顧別人，只要別人一開口請託就無法拒絕。

* 見到別人有難就會不計得失的予以幫助。

* 個性不拘小節，慷慨大方。

* 抑強扶弱，為人可靠。

* 喜歡小孩。

左手大拇指的聯想單字：工匠氣質（大哥風範的相反）

◎ 解讀範例

* 工匠氣質、專家。

* 一個人徹底追求某個目標。

* 不覺得受人幫助是件好事。

* 凡事都要自己來。

* 常被誤解成是很冷漠的人。

* 會對依賴自己的人感到不耐煩。

* 不太懂得怎麼跟小孩相處。

食指

右手食指的聯想單字：熱愛人群

◎ 解讀範例

* 熱愛人群。

* 喜歡跟大家嘻嘻哈哈地玩在一起。

* 一個人獨處就會感到寂寞。

* 與第一次見面的人也能馬上就很熱絡。

* 朋友很多。

* 喜歡團體運動勝過個人競技。

* 適合業務、教師、醫生等與人密切相關的工作。

左手食指的聯想單字：害怕人群（熱愛人群的相反）

◎ 解讀範例

* 不善於與人相處。

* 不太喜歡跟大家玩在一起。

* 絕對需要一個人獨處的時間。

* 和別人第一次見面時，總是會不必要地緊張。

* 朋友的數量算是少的。

* 一個人獨處時，完全不會覺得無聊，反而樂在其中。

* 喜歡個人競賽勝過團體合作。

中指

右手中指的聯想單字：現在

◎ 解讀範例

* 及時行樂比什麼都重要。

* 不拘泥於過去的事。

* 即使和人吵架，隔天就忘得一乾二淨。

* 與其杞人憂天擔心將來的事，不如先行動再說。

* 不拘泥於未來的夢想、目標。

* 不管工作或是玩耍，常常非常忘我。

* 遭遇困境時，其實也不太擔心，覺得反正船到橋頭
  自然直。

左手中指的聯想單字：過去與未來（現在的相反）

◎ 解讀範例

* 非常重視過去的成果。

* 不會在毫無根據的狀況下就貿然行動。

* 經過深思熟慮才會眞正付諸行動的穩健派。

* 非常穩重，謹愼小心。

* 對於人生，擁有明確夢想與目標。

* 不管在任何時刻，都能抽離自身處境，用第三者的角度從旁仔細審視自己。

* 在遭逢困境時，會先做最壞的打算。

無名指

右手無名指的聯想單字：情緒

◎ 解讀範例

* 重視感情勝過理論。

* 重感情。

* 容易一下子脾氣就上來，但也常常因此而悔不當初。

* 感情起伏相當激烈。

* 感情的表達方式相當豐富，常被人說是喜怒哀樂全寫在臉上的人。

* 有時候只是開個小玩笑，也會覺得很受傷。

* 光靠知識不太能理解，一定要親自嘗試才肯罷休。

無名指的聯想單字：理論（情緒的相反）

◎ 解讀範例

* 不會被感情牽著走，總是能夠冷靜客觀地做出判斷。

* 聰明。

* 不太把情緒表現出來的冷靜派。

* 比較受人敬重而非易於親近的類型。

* 容易給周遭的人一種不容易接近，或是不知道他心裡面在想什麼的感覺。
* 總是靠自己的腦袋思考，絕對不迷信。
* 因為學富五車，所以相當受人倚重。

小指

右手小指的聯想單字：

◎ 解讀範例

* 愛撒嬌。
* 怕寂寞。
* 一不理他就會開始鬧彆扭。
* 個性天真坦率。
* 很容易相信別人。
* 因為純真所以容易受傷。

* 喜歡吃跟睡。

左手小指的聯想單字：自立（小孩的相反）

◎ 解讀範例

* 靠自己的力量生存。

* 不會輕易相信別人說的話，凡事會自己充分思考過
  後才做出判斷。

* 不喜歡什麼事都要靠別人、依賴別人。

* 不善於撒嬌。

* 害怕將自己脆弱的一面表現出來。

* 經常被誤解成嚴苛、有點恐怖的人。

* 經常沒日沒夜的工作，太過勉強自己。

冷讀術沒有標準答案

我要再次強調，完全沒有必要將這些解讀範例一一記住。只要將聯想單字記在腦中，剩下的就是以聯想單字為中心，自由地發揮想像力進行解讀即可。

解讀方法沒有正確答案，只要你的解讀能夠成為一個契機，讓對方願意傾吐自己的心事，這樣就算是成功了。

此外，在實踐冷讀術的過程中遭受挫折時，請回到第一章再度確認「讀心者須知」，相信那裡會有你需要的解答。

結語

的確，冷讀術只不過是一種技巧。

　但是，技巧存在的意義往往遠超過技巧本身。

　人們常說，武術上修練到最高境界的人，自然就能遠離俗世紛爭。同樣的道理，只有精通技巧的人才會由衷地堅信，「即使沒有這些技巧，我一樣能夠與人為善」。

　想從我的書學會冷讀術的人很多，但往往半途就放棄了。這種人的說詞通常是「因為重點不在於技巧嘛！」

　然而，還沒學會技巧也不曾真正實踐的人，為何會明白重點不在於技巧呢？

　這樣的說法根本毫無說服力，只是他們沒有勇氣實踐技巧，而用來搪塞的藉口而已。

　唯有以真誠的態度學習技巧，並能在現實生活中運用自如的人，才真正知道技巧的極限在哪裡，也才能真正明白「超乎技巧之上的東西」。

　我認為真正重要的並不是說話或聽話方式、話術之類

的技巧，而是能夠發自內心對眼前這個獨一無二、無可取代的人深表興趣。

我之所以由衷希望讀者實踐本書介紹的技巧，就是為了讓讀者不僅是紙上談兵，而是親身感受這件事的重要性。

況且，一定有些人是你很想與他變得更親密，或是花更多心思與他溝通的。而且想起這些事的時候，會讓你感到非常幸福與開心吧？

我自己也一樣，在撰寫本書的過程中，想到讀者們為了瞭解冷讀術而閱讀這本書，就感到無比的幸福。

為了讓這般美好的人際關係能夠更圓滿順利，讓我們今後也一起繼續享受冷讀術的樂趣吧！

我衷心期盼有一天能夠與每一個你相見，親耳聽到你們在學會冷讀術以後的英勇事蹟喔！

謝謝各位耐心讀到最後，衷心感謝。

石井裕之

國家圖書館出版品預行編目資料

瞬間成為冷讀術高手 / 石井裕之著 ; 陳光棻譯
-- 第一版. -- 臺北市 : 遠見天下文化, 2009.6
面 ； 公分. -- （心理勵志 ; 252）
譯自：コールドリーディング

ISBN 978-986-216-357-3 （平裝）

1. 溝通　2. 溝通技巧

177.1　　　　　　　　　　　　　　98009932

閱讀天下文化，傳播進步觀念。

- **書店通路** ── 歡迎至各大書店 · 網路書店選購天下文化叢書。

- **團體訂購** ── 企業機關、學校團體訂購書籍，另享優惠。
  請洽讀者服務專線 02-2662-0012 或 02-2517-3688 * 904 由專人為您服務。

- **讀家官網** ── 天下文化書坊
  天下文化書坊網站，提供最新出版書籍介紹、作者訪談、講堂活動、書摘簡報及精采影音
  剪輯等，最即時、最完整的書籍資訊服務。

  bookzone.cwgv.com.tw

- **專屬書店** ──「93巷 · 人文空間」
  文人匯聚的新地標，在商業大樓林立中，獨樹一格空間，提供閱讀、餐飲、課程講座、
  場地出租等服務。
  地址：台北市松江路93巷2號1樓　電話：02-2509-5085

  CAFE.bookzone.com.tw

心理勵志 252A

實做版 瞬間成為冷讀術高手

作　　者／石井裕之
譯　　者／陳光棻
主　　編／丁希如
責任編輯／丁希如
封面暨內頁設計／柯明鳳（特約）

出版者／遠見天下文化出版股份有限公司
創辦人／高希均、王力行
遠見・天下文化 事業群榮譽董事長／高希均
遠見・天下文化 事業群董事長／王力行
天下文化社長／王力行
天下文化總經理／鄧瑋羚
國際事務開發部兼版權中心總監／潘欣
法律顧問／理律法律事務所陳長文律師　　著作權顧問／魏啓翔律師
社　址／台北市104松江路93巷1號2樓
讀者服務專線／(02)2662-0012
傳　真／(02)2662-0007；2662-0009
電子信箱／cwpc@cwgv.com.tw
直接郵撥帳號／1326703-6號 遠見天下文化出版股份有限公司

電腦排版／立全電腦印前排版有限公司
製版廠／東豪印刷事業有限公司
印刷廠／柏晧彩色印刷有限公司
裝訂廠／台興印刷裝訂股份有限公司
登記證／局版台業字第2517號
總經銷／大和書報圖書股份有限公司　電話／（02）8990-2588
出版日期／2009年6月29日第一版第1次印行
　　　　　2024年5月20日第二版第6次印行

定價／300元
‘COLD READING ~ NISE URANAISHI NI MANABU ! SHINRAI SASERU
"HANASHI-KATA" NO GIJUTSU' by Hiroyuki Ishii
Copyright © Hiroyuki Ishii 2008.
First published in Japan by FOREST Publishing Co., Ltd., Tokyo.
Complex Chinese Edition Copyright © 2009 by Commonwealth Publishing Co., Ltd., a
member of Commonwealth Publishing Group
This Complex Chinese edition published by arrangement with FOREST Publishing Co.,
Ltd., Tokyo. in care of Tuttle-Mori Agency, Inc., Tokyo through Future View Technology,
Taipei.
ALL RIGHTS RESERVED
EAN：4713510945490
書號：BBP252A

天下文化官網　bookzone.cwgv.com.tw